JN361422

꿈을 나눠 먹어요

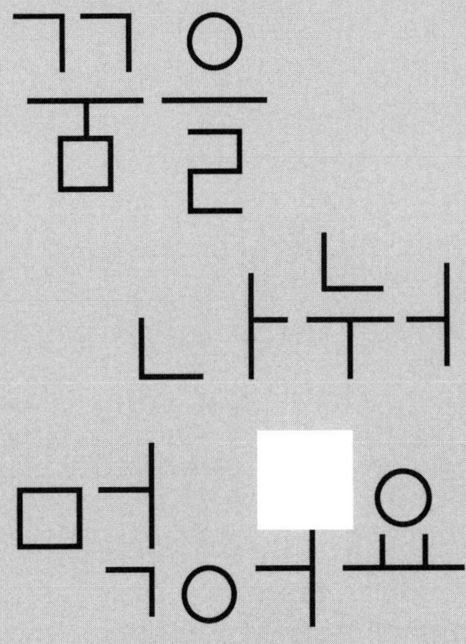

시인수첩 시인선 099

고영숙 시집

여우난골

| 시인의 말 |

태양

달

지구

그리고 나의 순서로

일식이 완성되었다

내일이 눈부시다면 그 때문일 것이다

2025년 8월

고영숙

| 차 례 |

2부

3부

4부

1부

티슈

깃털처럼 얇은 사람들이 포개져 있다

송곳으로 그은 가파른 심장을 가지고 놀다 뼈를 깎듯
바스러진다 그깟 사랑들 그깟 이별들은 한 끗 차이라고
우리에게 들이미는

흰 비늘의 꽃

잘못 없는 꿈

오래오래 참으면 나도 눈부셔질까요

잠깐씩 깨어나
베개에 묻은 흙을 털면
나의 바탕색은 남향이었을까요

꽃나무 아래에서 죽은 인형은
차가운 밤이 되고
우린 매일 좋은 꿈을 나눠 먹어요
실패한 꿈은 세상에 없는 기원이 되고
반려식물처럼 길어지는 머리카락

아직 꿈에 봉인된 인형은
나쁜 이야기가 아닌
오히려 선몽이라고

아무 잘못 없는 꿈은
나에게 말하지만

식어가는 잠은 말수가 적어요

국화꽃을 던지면 말린 꿈은
생생한 잎맥이 돋아나요
울어야 할 때 울지 못하면
깊은 잠을 못 잔다고

남은 꿈을 심는 뿌리 없는 사람들

감염

피도 오래되면 슬픔의 냄새가 나

말라버린 상처를 통과하다
순식간에
솟구치다
뛰쳐나가고

피의 기원을 찾는 사람이
풀어놓은 붉은 액체
따뜻한
박테리아에서 왔다고

믿는다

실낱같은 저항은
늘 출혈을 동반하고
물컹한 피 한 방울의
소용돌이치는 기습에도

딱 그만큼의 희망이 조용히 흐르고

물러져서 서러운
내성(耐性)을 건너갈 때까지
이건 매끈한 악몽이라고
번지는 속도까지 아름답다고

배후는 나를 사랑한 당신들이지, 누구도 의심하지 않아

붉은 피로 돌고 도는
나에게 묻네

너는
물이 든 거니

원래
피가 그런 거니

내가 얼마나 카페인을 사랑하는지도 모르면서

마음 이끄는 대로 가면 늘 혼자 아팠다

날아가는 흰 문장을 하늘에 접은 날
더 깊이 태몽을 오리면
신묘한 그림자가 태어났다
실을 풀고 당기며 놀다
나를 떨어뜨렸다

꿈 밖으로 도망친 곳, 생시

머리 검은 짐승을 풀어놓고 산다는
여기에
핏줄도 녹이 슬어
비린 후생을 만들었다
끌어안을 게 사람밖에 없어
말귀가 어두운 신(神)도
풀리지 않던 나도
눈물 한 방울을 엎지르고 달아나는 이승

생활의 범람

꿈이나 꿔야지
이런 게 파도라면
숨이 차는 일이라서
등 뒤 물결로 꽂힌 사람이
갑자기 들이치는 일이라서
고통이라면 견디기라도 하지
깨진 꿈을 던진 날은
손금에도 금이 가서
손톱 밑을 찌르는 게 사랑이라서
감정선 뒤끝을 만나는
가혹한 일이라서

만다라의 체형

자신의 그늘을 그려 넣는 사람들
꿈 이후의 일이었다

깃털을 털고 날아가는 동공은 검은색이다

나무 그늘에 앉아 있던 나비의 눈꺼풀 밑에서 일어난 일이라
나는 깊은 꿈은 모른다 하였다

누군가의 그림자가 걸어 나오는 도안 밖

늘 변하는 건, 빛깔의 체형
몸이 갇힌 원형, 착상된 물방울을 붓으로 쓸어버린 완성의 순간
문양 속 몇 겹의 주름진 잎들이 펼치는
격렬한 생사(生死)의 반경

붉은 어루러기

입을 다물었는데도 터지는 패턴
버린 꽃은 늘 아까워 모래에 검은 달을 베낀다

봉인된 후생이 윤곽 없이 허물어진다
열두 달 잔금이 새겨진 상(像)이 이파리처럼 돋아난다

일어날 일은 일어난다고 꽃잎은 선명해진 징후를 찌른다

주기가 끝난 검은 달은 깨져버린 거울 조각
채색이 빠져나간 몸은 텅 빈 내막이다

오르골

하루에도 몇 번씩 죽었다
생각나면 느리게 살아나는 사람

너를 밀어내니
내가 비좁다

살아버려라
죽음이 돌아오지 못하도록

몸마다
춤을 추며 흘러내리는
밤의 오묘한 악곡

아프고 나서야 알았지
튕겨 나간 소리를

죽은 음계 속에 갇힌 너를
꺼내줄까 말까

슬픈 구석을 믿었거든
손뼉을 치며
번져가는 아무렇지도 않은 날들을

다시 돌아가자

가장
아픈
음계로

너를 짚었으니까

달려라 에덴

야성을 두고 나왔다
주머니에 찔러 넣어주지 않으면
으르렁거리지 못하는 희미해진 이빨 자국이다
아이는 식탁에서 소파로 침대로 순위를 자꾸 옮겨놓는다
힘 있는 포식자에게 먹히는 먹이사슬
씁쓸한 헛기침이 음소거된다
권위는 옮겨지며 가벼워진다
스쳐 간 곳은 모두 굳은살이 된다
누군가의 가장이라는 말에선 파스 냄새가 난다
잃어버린 건지 잊어버렸는지 모를
생활의 한 귀퉁이를 부여잡고
뒷걸음질 치지 못하는 공회전이 숨이 가빠서
가파른 에덴을 가로질러
끝내 지키고 싶은 가슴 밑바닥
금이 간 야성, 낮은 보폭으로
비릿한 사투를 벌이는데
전투복이 보이지 않는다

엄마의 화분

오빠를 분갈이했다

오빠는 가시가 많은 까칠한 장미를 닮았다 엄마 손금마다 빛나는 오빠가 자랐다 무례한 장미는 꿈이 높았다 힘을 뺀 뾰족한 번개는 엄마를 찌르고 동공에는 장미 냄새가 번져가고 일식의 속성에서 벗어나지 못하고 해를 걸러 흐린 꿈은 얼룩이 되었다 집안의 가구들이 실핏줄이 터졌다 엄마의 손금은 운명선이 길다고 했다 손톱이 계속 자라는 슬픈 가족은 슬픈 연대 같았다 오빠랑 엄마의 싸움이 끝나자

손금 바깥마다 풀이 돋아나고

도구

내 몸에 걸려 넘어진
어둠을 생각하다가

여분의 빛을 활용하거나
절망의 조각을 세공하여

한 줄의 길몽으로
다시 쓴다

알던 신이 있었다

흰 마당에서 주인을 모르는 꿈을 주웠는데
애야, 그림자 가지고 혼자 놀지 마라 깃든 태생에 혼
묻는단다

검은 천 뒤에 감쪽같이 몸을 숨겨 한참을 놀다 보니
몸살을 앓던 한 생이 쌓아놓은 소꿉 이전의 일

이 눈물 다 녹기 전에 숨바꼭질을,

날 끌어안은 게 물이었는지 불이었는지
그림자를 놓아주고 오래 슬퍼하다 보니
알아챈 뒤는 보이는 것만 시절이란다
가르마 한가운데라 무섭지만
푸른 멍이 전생으로 번질까 창문을 닫아주는데

남은 이별도 빼앗기게 될까 봐
나는 아직껏 주먹을 꼭 쥐고 있었구나

텀블러의 바다

죽음이 도서관 책장 위에 놓여 있다

창문 밖 금이 없는 하늘과 바다를 휘저으면 어지러이 유리창을 두드리는 공후(箜篌)의 노랫소리

놀란 물빛 그림자 한 마리 날뛰는 파도가 머뭇거린다 희끄무레한 이승과 저승의 몇 걸음, 들물과 날물을 풀어헤치는 백발의 사내

식지 않은 가슴 위에 물결선을 긋는다

전생의 비늘 하나 들추면 지루한 복도 끝이 풀어놓은 아득한 경계, 물살을 읽는 물고기 떼처럼 비스듬히 기울어진 잠꼬대가 쏟아진다

걸음을 옮기시라, 여기보다 깊은 바다는 없으니

텀블러 안이 출렁이는 순간, 책상 모서리 쪽으로 주룩

쏟아지는 하늘

아슬한 물살로 춤을 추던 아가미가 끝내 페이지를 건넌다 흔들리는 행간마다 흰 포말로 일렁이다 사그라드는 사내가 나를 바라보고 있다

서가를 빠져나와 텀블러를 기울여
물결을 따르는 페이지가 있다

온실학개론

그랬잖아, 썩어버리는 게

차라리 상책이라고

피가 돌지 않는 교감이란 비닐의 질감이라고

날마다 가꾸었는데 허공으로 깊은 가지들

나이테는 오래 맴돌던 유배의 시간

어제 죽은 사랑을 벽에 걸어두면 줄기마다 검은 그늘이 묻어나오는데

잠깐 스친 손끝마다 재배되는

우리

쪽빛 상처에 눈이 먼 식물들의 목차

주문하신 눈사람 나왔습니다

폭설은 위험할 때 가장 아름답다
글썽거리던 생이 미리 그려놓은 균열이라면
짧은 목은 그 징후
횡단하는 눈과 눈 사이 친절한 오늘이 미끄러진다
기다리던 첫눈은
너에게로 기우는 마지막 사투
넘실거리는 머그잔에 침몰하는 너의 취약함
단 한 번을 사는 견고한 계절을
연약한 몸으로 움직이는 것이 슬프다
홀로 선 피켓처럼 간신히
너를 버틴다
나를 버틴다
흐린 겨울이 지나는 내륙엔 눈보라
탄성들이 이 시린 역광으로 흩어진다
금이 간 포옹
녹아내리는 최초의 입맞춤
눈사람이 젖은 생을 끌고 얼룩 쪽으로 걸어간다

가족들의 방

착한 돌봄은 주관식이에요
겁 없이 뛰어내리다 연민과 희생 중간쯤에 머리가 끼었어요
장애 등급 선 하나가 그어졌을 뿐인데
서로를 끌어안은 채 맨홀 속으로 미끄러지고
냉담한 살, 따뜻한 피가 서로 부딪치며
팽팽한 질감의 맨살 냄새가 깊어져요
같은 시간에 반복되는 강아지 산책은 패스를 외치고
배경처럼 서 있는 엄마는 점점 구석을 닮아가고
심장에 가까울수록 사람이 없네요
기도와 기억으로 뒤섞인 감정들은 서로를 정리 중이고
미안해, 고마워, 잘 관리되는 식물들마다
겉도는 억양에선 통증이 묻어나고
종종 자는 척을 하는 떫은맛의 엄마를 뱉어내요
맨얼굴을 들켜버린 약점을 가족이라 부르는
엄마의 착한 걱정은 지의류
눈물 없이도 잘 자라거든요

2부

반야(半夜)

— 꽃무릇의 말

태어나기 전의 당신이 꽃대에서 나를 꺼내 투명한 태몽을 나누었네

내 몸의 출처는 붉은 밑줄 그어진 달 뜨지 않는 밤 당신이 오래전 피고 떨어지면 나는 이제 막 돋아나 이파리와 가지로 갈라졌다가 낮과 밤으로 갈라졌다가 어둠이 묻어나는 한 줌 흙을 더해 살과 흐린 피로 갈라졌다가 한순간 몸을 바꾼 인연이 갈맷빛 생가지를 휘감으면 창백한 실핏줄이 툭, 열리고 닫히는 태생의 경계마다 단내 나는 잠이 쏟아지는데 같은 하루를 나눠 써도 당신에게 말하지 못하였네 스스로 날을 세워 나를 던진 그 순간부터 버티고 살았던 내 꿈의 반, 마주치지 않는 엇갈린 날들을

몸, 개정판

몸은 나를 짐승처럼 끌고 다녔으니 먹고사는 일이 늘 각주처럼 따라다녔다

생의 여러 요긴한 동작들이 몸의 목록에 꽂혀 있다

반납을 연기하지 못한 채 늘 같은 방향으로 펼치는 오늘

어떤 행간은 표정이 서툴고 어떤 행간은 표현이 서툴러서 희고 건조한 뼈

요가 강사가 질문을 한다
—평소에 주로 어떤 운동을 하시나요
—먹고사는 운동만으로도 벅차서요
—자, 따라 해보세요

힘주어 말하는 주먹의, 고요한 쇄골의, 이를테면 아직 절판되지 않아 움푹 팬 무릎뼈의 자세

사막은 주로 돌아눕는 동작, 낱장의 눈물이 서로를 지나가는 순간 한 줌 모래로 쉽게 흘러내리는 사랑

바쁜 마음이 한꺼번에 쏟아지는 개정판

곡선을 이룰 때까지 빗장뼈와 만나지 못하는 복사뼈, 불안한 착지는 주석(註釋)을 필요로 한다

태어나 처음 배운 자세는 숟가락을 뜨는 자세, 어른이 되어도 남아있는 오므라드는 꽃잎의 자세

마지막 뒤표지 빗장뼈가 엎드려 있다

서로의 상한 마음을 어루만지는 웅크린 자세로

신숨비소리

깊은 곳은 조심해야지

속긋 한번 그어보지 못한 난바다, 무슨 빗금이 이렇게 많은지 혼이 나면 숨고 싶어 갇혀 버린 물살인데

바다를 벗지 못하고, 학자금 대출을 벗지 못하는 나는 하얀 물방울, 날개보다 가벼운 비정규직, 몽고반점이 생길 때부터 물결 소리를 배워야 하는데

둥둥 떠다니는 물음표들

달라붙은 살 비린내보다 절여진 바다 내음을 동경하다 여기저기 멍이 들었죠 바다를 입은 나는 무겁고 실업수당은 가볍거든요

먹빛 수면 위는 팽팽한 장력의 노동, 호흡이 익숙해질수록 얌전해진 감정선을 스캔하지만 몰래 눈가에 튀어 오른 물방울에는 그만 젖을래요

다정하지만 저 수심은 표정을 읽을 수 없어요 바다도 파도를 벗으면 나처럼 그림자만 남거든요

바다의 프로필에 물거품이 늘어나요 엉켜 있는 탯줄이 춤을 추고 나는 짠 내 나는 물너울 꽃으로 흔들려요

흰 물결, 검은 물결, 물의 감정들이 뒤섞이는 소용돌이를 끝까지 움켜쥔 채 들물 날물 가르는 물살이 되어볼래요

꿈틀, 날아오를 숨비소리

언제부턴가 나도 소금기 흥건한 몸, 칠흑 같은 손금 속을 걷다가 헤엄쳐 오는 물고기를 베끼는 순간, 참았던 숨을 몰아쉬는 내 몸에도 단단한 비늘이 돋아났죠

학습

대가리, 눈깔, 이빨, 주둥이

원래는
동물의 것이었다

물고 물리는
겁먹은 인간들이 재빨리 습득하는

아가리, 모가지, 뼈다귀, 새끼

허기가 질수록

길어지는 꼬리

횟수가 늘어나고, 짐승에 가까워진다

어떤 용서

전생을 슬쩍 끼워놓은 나의 운명에 신은, 끝까지 오리발이었지만

견고해진 눈물, 나는
더는 신의 사회성을 바라지 않는다

물웅덩이

읽어 내리지 못한 손금에 사는 당신은 어느 방향에 얼굴을 묻고 있는지

아가미 흔적을 쫓던 달그림자의 백년이 깨지고 더운 피가 흐르는 양수(羊水) 속 열 손가락이 움켜쥐는 허공

팔딱거리는 붉은 비늘마다 갓 고인 피 한 방울이 한 사람을 물결 속으로 떠민다는 것

불어나는 물살, 멈칫거리다 채 마르지 않은 붉은 탯줄이 젖몸살로 쓸려와 욱신댄다

물살이 흐르라고 강을 만들었지만 익녀(溺女)*야, 그릇 아래는 절벽이란다

웅크린 채 온힘을 다하던 살얼음판의 열 달 물살은 강보와 상여 두 가지를 달빛인 듯 품고

오늘은 놓친 숨이 엄마의 손톱에서 끓는다 물에서 태어난 뒤 물속으로 돌아간

마침내 만월(彎月)

* 익녀(溺女): 중국에서 딸을 낳으면 그릇에 익사(溺死)시키던 관습.

틸란드시아

나는 감정 없이 자란다 기다랗게
떫은 첫 고백으로 머뭇거리다
반려라는 이름으로 유지되는 음지 정물
돌보거나, 키우거나, 발자국을 쓸면서
정오부터 자정까지
잎사귀의 표정들 중 하나를 골라내 기분으로 삼는다
너무 길게 자라
그늘로 흔들리는 나를
공중에 매달곤
발치 아래 모여 있는 가족 아닌 가족들
일회용 화분에선
새집증후군이 없다
땅에 닿을 때까지
긴 기다림은 수용성의 정물
몸에서 멀수록
얼굴이 선명해지는 분갈이
비스듬히 무관심을 가지로 뻗어
무럭무럭 관상용 슬픔 자란다

유리 교실

흔적을 지우지 못한 눈시울을 견디면 우리의 독백은 용서가 될까 나는 아이들을 기억하는 울음나무 손을 내밀었는데 이미 쪼개진 추억 내 얼굴을 긋고 간 투명한 눈물은 목소리를 냈을까, 포스트잇처럼 함부로 넘겨짚은 푸른 멍이 이따금 팔락거리는, 잊힐 권리와 기억될 권리 사이, 부글거리던 결말은 따뜻하다고 믿었다는 사실을 늘 묵인하며 뾰족한 완력을 키워나갔지 손목을 지나는 심장을 그으며 기억의 냄새를 틀어막으면 손바닥을 내보이는 부끄러움 선 채로 미안한 몸이 아직 마르지 않았는데 다정하게 손을 내민 여기서부턴 나의 우기, 몬순의 이 자세는 내가 젖어들겠다는 약속, 서로를 머금고 흘러내려도 여기서 나아갔으면 좋겠어

감정노동자

검은 밤엔 검은 기둥이 내 척추를 받쳐주고 있어

부서진 빛은 녹물로 흐르고 몸에선 뼈가 맞춰지고

등뼈 대신 부딪고 휘어진 기둥은 몸을 비틀었던 흔적,

무너져 내리는 내 앞에서

너는 두 손을 감춘 채 환하게 웃고

고된 노동보단 치열한 절망에 부서진다

희망을 감염시키던 너의 웃음에

나는

드림캐처 기르기

아이들을 생각해요 별이 되지 못한 그림자를
휘어진 나무가 아슬아슬한 새들을 날려요
통증은 단단한 어둠 속에서 가장 환하죠
어둠에 맞물린 나는 멍들기 쉬운 푸른색
악몽은 모두 여기에 벗어둘게요
창문이 주장하는 무책임한 바깥을 떠올리게 하니까
여기는 별들이 한꺼번에 터지는 비밀의 방,
부르튼 이름들로 둘러싸여 서로 알아볼 수 없어요
점점 멀어지다 숲으로 사라지는 쓸쓸한 혼잣말
그림자에겐 왜 웃음이 허락되지 않는지
최초의 음악처럼 회전문을 밀고 나오는
저 아이들을 보세요
용기를 내 텅 빈 골목 가득

흘러넘치기 직전인

태(胎)

여러 달 동안
그믐달 테두리에 서 있어
시무룩해진 살점 조각
문양이 벗겨진 채 나는
생멸 주기를 감지하는 검은 거울이야
엄마는 나를 배고 생쌀만 씹었다는데
씹고 씹어서 생생해진 꿈은
무덤까지 가져갈 수 없다는데
움켜쥔 주먹 속으로 숨어드는 손금
여기서부터 해몽이라고
웅크린 작은 것이 툭, 떨어지는데
반은 투명하고 반은 어두워
그늘진 운명 앞에 놓여도 당신이어서
허기처럼 잘도 자랐는데
다행이다
내 입가에 묻은 게 흰 쌀가루여서

출몰

애당초 저 달을 만지는 게 아니었다

만곡선을 그려 달을 가둔다
다 그리지 못한 그림을 그리기 위해 새를 울린다
새의 눈물이 빈 병에 차오른다

달의 기울기를 재는 이 남자
금이 간 풍경 속에서 통증이 새어 나온다

투명한 지층 저편의 창문을 두드리는 고요

만지고, 그려 넣고, 각도를 재고, 금이 가고, 차오르고,
새어 나오고, 밀어내고, 기어올라 이따금 흔들리는

새 떼들이 솟구치는 알 수 없는 유리창

하루가 통증의 영역에 곤두섰다

스파링

여전히 글의 스파링 상대가 되지 못한다

가시를 세우는 법도 스스로 날개를 펼치는 법도 없는 어눌해진 갈비뼈를 진통제로 다독이지만

제 몸에 상처 하나씩은 지닌 두루마리 서사가 흘러내리고

책장을 펼치면 물불 가리지 않아 너덜해진 글자들이 살얼음판을 걷고 있는

대학병원 63병동

그가 방향을 더듬으며 눈물샘의 수평을 맞추고
사랑, 그 뻔한 레퍼토리를 물고 눈물을
자유자재로 구사하기 위해 위빙,

훅, 훅,

구겨지는 백지의 세계, 흰색은 항복의 레토릭

날렵한 활자들이 잽싸게 주먹을 날린다 그는 난독(難讀),
소리 내어 세상을 읽지 못하는 병증(病症)

반쯤 접힌 책날개에 갇혀
울컥,

잽을 날린다

대신 울어주는 녹슨 종소리마다
쉽게 아물지 않는 상처들
짠 내 나는 것들은 힘이 세진다

비로소 선명한 눈물의 잇자국들
마르고 나면 반짝이는 문장의 알갱이들

다시 숨, 입춘(立春)

허공에 걸린 시(時)와 일(日)
흐드러진 복사꽃마다 꽃물이 들면
절기는 오래된 달을 풀어
들썩이는 봄을 다시 세우니
열두 달 초입(初入)이 화르르 가슴으로 휘어진다

일어나거라,

번져나가라,

생사를 확인하는 사람들

꽃잎을 묻으면 입술을 물고 이 생(生) 다시 돋아나
푸른 속잎의 입김마다
갓 지은 생초목 향이 새어 나온다

산수국으로 말하기

날마다 태어나는 신의 취향과
우아함을 상상하다 소름이 핀다
부러지지 말라고 끊임없이 돌보는 고요,
통증이 휘감겨 빛깔이 되지 못하고
잠들지 못해 그림자를 만들지 못하는
산 것과 죽은 것들의 경계
모두 잘 지내고 있다는 듯
매번 꽃 피는 사육의 시간
이 아름다운 폭력을
한 번쯤 뽑아 내게 옮겨 심고 싶었다

3부

가정식

물기가 태어난 곳, 냉장고 속에는
간편식 연민이 밀봉돼 있어요
물 없이 삼킨 가족이 유지되는 시간
껍질을 벗겨낸 토마토처럼 나눠질 수 없는 지문
국물을 저을 때는 서로의 약점들이 술렁이고
뜨거운 물 몇 방울이 몸에 튀어
나를 던진 자리마다 물의 폭력은 투명해지죠
불 꺼진 방마다 뿔뿔이 흩어진 안부를 씹어요
목에 자꾸 걸리는 말의 체온
커갈수록 빼닮는 슬픔이라고
뿌리는 그렇게 짙어진다고
돌린 등을 펼치면 식탁이 되고
펼친 식탁은 기울어진 세계가 되죠
맘에도 없는 말은 속도가 붙고
엄마와 아빠는 유효기간을 지나쳐 버리고
칼집 많은 나는 무른 살점을 깨닫는데
파스타는 끓어지고 가족은 질겨져요

돌들의 탄성

편을 가르고 우선 규칙을 정합니다
위험한 예측은
틀림없이 주저앉거든요
구급차 불안한 사이렌 소리가 지나가고
내 취향은 동그란 돌
뾰족한 것들은 재미없어
산책을 나선 개는 목줄을 달고 있고
고백이 배변 봉지처럼 깊어집니다
다섯 개의 공깃돌을 허공으로 던지면
그중 몇 년이 지상으로 내려오는지
후, 이제 가벼워져 볼까요
사랑하는 삶의 중력을 끌어안고
습기를 껴안은 채로 한 번에 뛰어내려야만 합니다
흐린 흙먼지를 털고 툭, 툭, 튀어 오르는
던져진 무수한 돌도 나도
단단하게 연습이 필요합니다

창문의 종족

태양, 달, 지구, 나의 순서로 일식이 완성되었다
달을 받들던 날이 펼쳐는 투명한 방명록
창문의 종족을 찾아 헤매던 나는
가장 오래된 허공, 날이 선 활이었다
나날들은 나를 흔들고 쏜 화살처럼 흘러갔지만
나는 흐르지 않아
새 발자국을 따라가다 번번이 때를 놓치는 사랑으로
깊은 한 생을 이루었다
달에 긁혀 생채기가 나도
배경의 일부가 되기로 작정한 때부터
허공을 떼어두고 흔들리는 나는
수평의 사람
비슷한 각도의 공중
창문이 열리고
나날이 차오르고 빠진다

흰 목덜미의 기억

현(絃)이 울었다
이보다 빛나는 몰락은 없다고

녹슨 왕조의 언저리를 지나 잎맥 닫힌 소리

한 줄 두 줄 밀고 당기는 열두 달 주파수 사이로
배열된 구름의 층계를 더듬는다

죽은 꽃잎을 등지고 살아있는
오동나무 가지 끝에 걸린

일몰 다음의 하룻밤 결

봄밤 짧은 곁가지로 돋아나
먼저 어두워지고, 먼저 가라앉는 몸

속 빈 짐승의 울림통이 끌고 오는 파동
밤과 낮이 끊겼다 다시 흐르는

춤추는 찬란이었는지
녹물 번지는 검푸른 문명이었는지

탐한 건 한 뼘 망국의 슬기둥

악보 없이 살아남은 부리의 여음
잃어버린 불모지

음계를 밟으며 거미 한 마리
가얏고 줄 밖으로 빠르게 벗어난다

목련이 허공을 움켜쥐고 훅, 피어난다

하르르, 제 몸 찢은 화엄(華嚴)의 만개이다

생일

짙은 이파리로
뒤덮인다
그림자에도 기댄 적 없는 나는
잠깐 눈을 돌린 사이
이미 어두워져 모르는 사람
번져가는 거기는
내가 세상에 태어난 날
피고 지는 것들이
맨살의 이파리를 뜯기고 나면
어느 날은
함부로 몸을 날리게 될까 봐
나는 나를 밟고
줄기차게
번식 중이다

내담자

꺼내지 못한 것이 아니라 바람을 가르던 칼자국이 네 몸에 새겨진단다

칼집 속은 캄캄한 동굴, 속내를 알 수 없어 불안한 자세를 고쳐 앉고 들키지 않으려 감정을 만져 보지만

단칼에 자를 수 없는 용서처럼 벨 수 없는 눈물

녹슬고 무뎌져 어느 절망에도 이르지 못한 채 칼끝을 겨누지만

그건 남을 찌르기도 하지만 힘겨움도 잘라내는 고독과 고립의 양날이란다

칼은 칼집에 있을 때 가장 위협적이라는데 저는 날아올라도 뼈를 묻지는 않을 거예요

누군가 나를 저 칼집에서 꺼내지만 않는다면

꽃의 궁리

붉은 핏자국만 남기고, 이 육신 다 떨어지면 잠깐의 만발(滿發),

나를 피해 가게 나를 비껴가게 차라리 비틀거리는 짐승으로 살아갈걸

아찔하게, 저기 얇은 이파리를 두고 살과 피 사이가 멀어진다

살갗에 박힌 한 순간이 이리 무거운가

마음 놓고 필걸 당신을 통과해서 등에 꽂히는 화살처럼

다 타버린 갈산에 왜 눈물이 도는가 적막이 때론 발목을 잡나

부러진 칼날이라도 되었을까 검고 뾰족하게 태어났으면

잠결에 가위눌려 꿈은 아픈데 세상 끝으로 몰고 가는가

당신은 발 딛고 선 곳보다 마음 닿은 곳이라고

편의점 블루스

그는 한때 해일 속 어류(魚類)

움푹하게 파인 빈 몸은 목어(木魚)라 불렸고 최저 시급으로 모래바닥을 돌아다니는 이력은 뼈대가 되었다

사람들이 종종 나무 막대기로 두드려 소리를 내는 편의점 현관문 풍경

24시간 잠들지 않는 물고기

그는 넓은 등을 갖고 싶었으나 물속 맨발이 방향을 조금만 틀어도 쉽게 미끄러졌고

얼었다 풀렸다를 반복하는 느슨한 비늘들

물결을 일으키진 못했으나 물길을 기억하는 오래된 꼬리뼈

투명한 수평선에 마음을 걸어두지만 밑줄 그은 파도에 자주 넘어져 묽게 젖었다

물빛 꿈을 할인해 드립니다

파도는 아무리 씻어도 물비린내가 나, 무수히 금이 간 아가미에선 소금이 서걱거려

결빙과 해빙을 넘나들어 단단해진 물살에 부대끼며

직면한 바다보다 더 깊은 바닥은 없다고 바닷길에 눈을 뜬 목어가

지금 물속에서 결사적으로 뛰쳐나가는 중이다

비상구

흘러내리는 난간
너와 나의 방향은 서로 같다고
나를 끌고
눈부신 폐허를 건너는 계단
한 번도 펼쳐 보지 않은 징후
평등해 보이는 수평의 화살표
표정 없는 저항으로 이루어진 단락
어디로 가야 할지
발자국은 기억하지 않는다
가쁜 숨을 토하며 납작 엎드려 있는 계단
사람들

발설

지극히 인간적인
칼을 입에 문 것이 맞기는 한 건지

어긋난 전생을 찢고 나가려는데
멈칫,
짐승인 양 쓰러진 초승달이 보이고
늦었다, 핏빛이 번지기 전
덩그런 눈빛을 한 숨에 내리치지 못하고
투명한 공중을 가르는 칼의 끝은 동서남북
누구의 이별이 더 날이 섰는지
눈물 자국인 나를 떼어내고 흔들리는 배후

하여 한번은 칼끝이 이끄는 대로
길이 남을 빗금을 그어야 하는데

내가 나를

병동 일지

무엇이 지느러미를 흔드는가

아가미로 몰려오는 뾰족한 인기척

링거를 박차고 나와
혈관을 타고 흘러내리는

비늘

비늘에는 비밀이 많아 길 하나씩을 숨겨놓은 문이지
파도를 만져보다 알았지

물살이 들이닥치는 순간
간이침대 가장자리로 내쳐졌지

후드득, 비 맞은 토란잎처럼 미열이 맺히고

모두가 뛰어내리고

모두가 가라앉는 모서리라는 세상의 끝

그다음은 자유낙하하는
해파리의 문장으로 흐느끼고 싶었거든

아무도 마주치지 않는 복도를 지나
뒤꿈치를 든 기도가 빠져나간 뒤

보호색과 경계색 사이
누워 있던

빛이 들지 않는 심해의 놀란 그림자 한 마리를 흔들어

여기, 아직 살아있는 신경에

계속

파도

나는 치킨의 감정입니다

절벽 아래 흙더미 속에서
닭 뼈가 무더기로 발굴되었다

사람보다는 떨어진 닭 뼈가 많았다

주먹 쥔 뼈들의 잔해 속에서
닭 다리가 먼저인지 날개가 먼저인지
어느 편에도 서지 못한 족속들이
파닥거리며 공회전을 하고 있었다
물컹거리는 쓰레기 비닐 사이
을에 종속된
먹다 남긴 극단의 희망과
유통기한 넘은 꿈들이 발견되었다

달걀 껍질마다 금이 간 경력이 그어지고
생일날 이력서를 들고 뛰어내린 뼈
기간제를 살다 한순간에 버림받은 뼈
달빛 노동을 하다 스러진 뼈

현수막으로 나부끼다가 스스로 날개를 접은 뼈
발버둥 치던 이름 없는 뼈들이 너덜거렸다
사람들은 먹자고 한 일이라 무죄를 주장했고
식욕은 돌림노래가 되어 유행처럼 떠돌았다
배달의 역사는 늘 아찔한 속도로 손끝에서 오래도록 무책임했다
종종 식어버린 그들의 희생을
조각조각 씹어대는

당신은 한 무리인가

전갈자리

오래된 운세처럼 술렁거리지 들추어내면 휘발유 냄새가 나지

가장 쓸쓸한 날에도 별은 기화하니까

붉은 밤의 알러지는 너를 앓았던 흔적

오래전 책상 선을 아슬아슬 넘어간 나를 짝궁은 덥석 물었지

얇아진 두께를 엿보지 말라고 어떤 혼잣말은 풋풋한 까치발

친절하고 예민하게 삐걱거리는 차고 넘치는 의자의 습성이지

토막잠이 깨어나는 시간 교실에 물을 주면 멈칫거리던 수호성이 기도처럼 자라고

손끝이 닿는 흰 별들은 팽팽한 얼굴을 힘껏 당기지

이번에는 구부러진 꼬리뼈를 덥석 물었어 아프지 않게 입술 자국을 떼어줄게

웅크려 있던 전갈이 빗금을 긋는 퍼포먼스

푸른 실핏줄이 번지는 책가방 속 한 아이가 거뭇거뭇 어른이 되고

긴 복도 끝 뾰족해진 싸움이 끝났다

이주민

꾸잉은, 그러니까 임대아파트 입주민이자 이주민이다 한때 유행처럼 몸에 들인 흥건한 노동 국경을 넘어온 떠도는 신발이다 고기 굽는 냄새 자욱한 골목식당을 그을음으로 전전하는 그녀 소쿠리에 나물을 다듬다가도 딸꾹질 같은 우리말을 더듬으며 서빙을 한다 머리를 묶은 검은 눈동자가 돌아갈 곳을 잃은 얼룩말을 꺼내 입는다 도심 언저리는 그녀가 입주하지 못한 광활한 세렝게티 뿔, 발톱, 늘어진 갈기를 감추고 유유히 활보하는 사자의 발자국들 속에서 이방인이라는 꼬리는 가지런한 먹이, 야생은 사람들이 펼쳐내는 몸뚱이 그녀의 얼굴이 좀처럼 웃지 않는 줄무늬를 벗고 몸피 불린 하루를 끌고 저문다 빠른 속도로 사라지는 사파리 오늘도 안녕, 두고 온 하늘을 추스르며 흔들리는 빗줄기가 비음 섞인 콧소리를 내며 눈시울의 긴 우기(雨期)를 견딘다

밤의 규칙

애인은 돌리기 쉬운 풍문이라서
꽃을 뒤집어쓰고 그림자를 밟는다
천년만년 잘 살아라
산 것들의 울음소리를 들어주는 밤
손목의 물빛 자국이 소란해지는데
눈 가린 말들과 맨발은 허공을 긁고 가고
눈먼 웅덩이마다 무릎에서 풀려나는 어둠
울퉁불퉁한 소문들이 앞서간 사람의 발에 자꾸 걸린다
어둠은 비린내가 나는 뼈처럼 자라나고
자꾸 입 밖으로 쏟아지는
깃털 같은 한 사람
가장 아픈 필생의 부위를 잘라낸다

4부

무화과

반신의 그늘을 옮긴 달은 물러지고
꼼짝없이 달에 갇힌 채
밤에는 얼고 낮에는 녹아 흘러
피부가 짓무르는 물의 기억
먹구름을 끌어안고 그믐으로 휘어진 가지마다
뱉어내는 떫은맛의 통증

뭉개진 꽃으로도 버티고 있습니다

벌어진 몸의 기억을 꺼내 녹이면
마른 이파리마다 연둣빛 피
물소리 아득하고 허공이 휘청거려도

지금은 개화기
깊게 열리는 뭉클한

어머니

다만 그런 일이 있었습니다

내가 가진 게 구부러진 꿈밖에 없구나
흙먼지가 수북이 덮인 깨진 몸
슬픔이 깊으면 구덩이도 깊구나
쓸려간 흰 뼈를 끌어당길 손발도 없이
돌로 쪼개져 매장된 빛의 조각들
죽음은 등 뒤에 있어도 서늘하구나
혈관을 타고 흐르다 핏줄로 휘어진 이름
사납게 우는 짐승의 허기가 흙색으로 짙어지고
울음을 발라낸 그 어떤 문장도 목으로 넘어가지 않아
쌓이고 쌓여 살빛 거죽 꽃잎들
여기선 하늘이 가장 멀구나

섬의 하울링

나는 몸이 없어 살아남은 자의 기억입니다
한 자락 울음을 끌고 허공에 휘어진 새의 노래입니다
새 떼들의 엇갈린 동공 속 말라붙은 하얀 눈빛입니다
없음으로 흩날리는 깃털의 무한 숨결입니다
애타게 머리카락을 쓰다듬던
미처 잡지 못한 손끝이 이리 따뜻했을까요
빠져나오지 못한 오늘이 이처럼 붉었을까요
검은 눈물을 찍어 밑줄 그은
여백이 전면을 덮습니다
더 이상 흘러내리지 않는 한 조각 인광의 기억
나를 가장 아프게 껴안는 흰빛입니다

3/4의 사람들

섬에 걸어 놓은 수평선을 접었지
접힌 자국마다 그늘진 절벽이 서고

수직의 몸들이
경사면으로 기울어 쏟아지는 사람들

점선 안으로 돌이 날아오고
세월은 쏟아지고
펼쳐진 자국만이 남았는데

짧은 봄날이 여러 번 겹치면
깨진 꽃잎에도
종종 몸을 부딪칠 것 같아

다친 사람들이
닫힌 사람들이 되지

말없이 모서리에 닿아 뼈가 다 비치는

점선 밖을
걷는 사람들은 뒤돌아보겠지

숨죽이지 않고도 멀리 가버린 검은 하늘을
붙잡지도, 끌어안지도 못하고
다만 들쭉날쭉 모여 있다가

접힌 채로 뒤척이는 사람들
접고 나면 흐릿해지는 사람들

달아나지도 못하고, 한번
일어서지도 못한

깃털을 문 소름들처럼
살아진다는 말보다 간절히 사라지겠지

엎는 일이 가장 쉬웠다

잘 몰랐지만 뒤집는 것보다 엎는 일이 쉬웠다

어둠은 찢고 나와도 끝내 어둠일 뿐

빛이 될 수 없으니까

엄마는 땅을 엎었는데 하늘이 무너졌고

아빠는 밥공기를 엎고 능선이 되었고

오빠도 고봉밥을 엎고 숟가락처럼 봉분이 되었다

동생만 겨우 섬을 엎고 바다를 벗어났는데

나는 아무도 알려주질 않아 전생을 엎었는데

현생이었고 맨발이었다

장마전선이 북상 중입니다

고개를 돌리는 당신을 이미 떠난 계절이라고 예보한다

내륙이 한곳에 오래 머물지 않는 계절을 뒤척인다

당신이 없는 아무 날의 날씨를 읽는다

물기를 수렴하는 기압골마다 날은 대체로 흐리겠습니다

자색의 피가 도는 통증의 반향, 고온다습의 감정을 털면 나는 가끔 흐리다

당신을 밀어내고 먹구름이 올라온다

무성한 잎사귀마다 덧칠되는 농도로 꽃을 피우라고 천천히 그려지는

이렇게나 가벼운 당신이라니, 한때 비 흩뿌려진다

가詩

다시 배워야 해

투명한 인간성을 걸고
오체투지로 내던져야 해

숨기다 들키기, 끝내 고백하지 않기

가시를 세우고 혼자 놀다
초록이라고 우기면 초록 같을까 덜 아플까

뾰족하게 돋친 스스로를
뽑아 멀리까지 왔는데

빼근하게 기다려야 하는

전부를 걸어보는 다詩

윤달의 아이

가파른 달에 태어나자마자 신의 바깥이었다

녹아내리는 달빛, 더는 계단이 없는, 밝히지 않는

삭의 자궁을 지나면 여린 팔다리가 돋아나리라고, 그러나 뒤틀린 들물과 날물

방금 벗겨낸 달의 얇은 막에 떨군 몇 방울의 허공

우주라고 부르자 윤달이 찾아왔다

어긋난 계절의 아이가 울기에 적당한 달

공전의 사생아가 참았던 첫 숨을 뱉는다

한 번 찾아든 물때가 모든 생애에 들어맞았다

감정의 배틀

술이 써요

스스로 존재하는 신과 스스로 무너지는 인간

산산조각 난 꿈과 몸

누가 누가 더 아픈가

누가 누가 더 외진가 묻는 동안

난 시가 쓴데 말이에요

북 카페는 살아있다

물거품이 흘러가는 사람과 느리게 펼쳐지는 해안에 마주 앉아 있다 깊은 어둠에 숨어 자주 몸을 끊는 지루함, 헐렁해지는 시간이 모래밭으로 스며든다

우리의 꿈은 물결을 일으키는 것, 우리가 물결이 되는 꿈 아니고?

출렁이지 않고도 흔들리는 앙상한 관계를 이을 뼈가 보이지 않는다 조개껍데기에 미역 줄기처럼 늘어진 각주 하나를 건져 올리고 어느 새 심연으로 가라앉은 우리의 지느러미

몇 편이 울렁거리는 그리움이 서로의 몸 안으로 흘러들어 겹쳐진 행간, 누구의 것으로 등기를 할까 숨죽이고 고요해지는 페이지들 비릿하지 않은 책이 없어 그와 헤어졌다

보폭이 빨라지는 쪽이 지는 거다

슈퍼스타(Super Star)*

내 이름은 김장미
쌍떡잎식물 장미목 장미과
이처럼 아름다운 출생이 또 있을까
들큰한 꽃가루 날리며 마트로 출근해
바코드에 읽히다 노을로 밀려가는 꽃잎
한 겹 바람이 담벼락을 휘감는다
매번 옮겨지는 꽃자리 주소를 더듬는다
가시덤불, 그 한 뼘 모서리에 자주 부딪친다
시린 가시가 자라는 줄도 모르고
줄기를 가로지르는 산책 코스
꽃이 필 때를 다시 기다리는
잎맥은 온몸이 부르튼 상처다
펼쳐 보지 않은 희망에선 단내가 난다
잎과 잎에 부대끼며 이 계절을 살아낸
몇 개 꽃말이 새털 같다
바람은 덤불 아래 숨 고르는 꽃잎의 몸짓
꽃대를 밀며 장미가 나아간다

* 슈퍼스타(Super Star): 독일에서 개발한 장미로, 붉은빛이 강한 주황색 꽃잎을 가진 품종.

그림책

너는 그림자가 만든 그림 같아 착한 아이는 원래 없었어 고양이를 맴돌며 네가 만든 무늬일 뿐

너는 이제 귓속말이 아니야 혼잣말이 아니야 입에서 입으로 전해지는 키스의 폭력처럼

손자국이 많은 유리창으로 여러 감정들이 모여들 거야 차례가 돌아오면 예의 바른 먼지처럼 질문들이 쏟아질 거야

여기서부턴 부딪쳐도 이가 잘 나가지 않는 모서리 이것이 깨지면 쏟아지는 모래놀이

잊힌 우산의 이름은 기다리는 우산이래 넌 이미 그려진 그림이야 엄마가 누구였더라 뒤척이는 그림자?

어디에나 내려앉지만 손가락이 유일한 조사처럼 어감조차 가벼운 실루엣처럼

끝나지 않는 연습

입술은 녹아내리고 앓았던 구름 자국은 팽창하고, 뒤섞여 핀 꽃 중에서 골랐는데 가장 쓸쓸한 날이 피고, 오늘 날씨의 화장법이야 공중에 빗금을 긋는 퍼포먼스, 불안한 착지는 날아오르고 익숙한 계단은 매달려 있고, 푸른 벽이 붉은 문을 삼키네 오늘의 운세는 내일로 이어지고, 속눈썹은 왜 떨릴까 미끄러지는 시선, 생각을 도마에 올리면 남은 시간처럼 엉망이겠지, 칼을 쥐고 망각을 떠올리고 혼잣말은 용감해, 쏟아지는 이별은 주워 담을 수 있으니까 아뿔싸, 커피를 쏟는다는 게 머그잔을 따르고, 신을 만나지 못한 마음은 아슬아슬 예측 불허, 수국화분의 솜사탕은 차오르고 비행운(飛行雲)의 불투명함이나 맛볼까 한 줄로 뛰어내리는 말장난, 물과 기름을 섞기 위해서 얼마의 속도가 필요할까, 좀처럼 오늘은

끝나지 않는 문장처럼 이어지고

지느러미, 반대편으로 여십시오

투명한 수평선을 뜯어낸다

바람의 책장에서 당신을 한 장 넘기면 등뼈가 휘어진 필체가 컴컴한 바다를 거슬러 오른다 거친 물보라가 모여 온전히 한 권의 바다가 될 때까지 수면을 덮고 가라앉는 중이다

이끼 낀 밑줄이 그어져 있어 더 이상 흐르지 않는 당신,

휘감겨 너울대는 수초 더미 속 물비린내 어탁처럼 허름하게 닳은 책 표지가 팔딱거린다 뱃고동 소리가 그물 속으로 흩어진다 물살을 짚으며 깨쳐 나가는 문장 사이 유영하는 물빛 꼬리말들 때 절은 물의 지문이 짠물로 씻겨나간 한 시절

저편, 어스름 지느러미를 내려놓은

당신이 한 줄 파도로 서 있다

홍매화가 오는 방식

화르르,
죽어도 사랑이라고
지느러미가 휘몰아치고
실핏줄 꽉 움켜쥔 채
새빨간 아가미가
뛰어내린다
허공으로 차오르는
날숨 한 조각
한 번도 본 적 없는 해일이 오면
오리무중,
살아서 아픈
수천의 붉은 잔망들이
피었다 진다

새치의 이력

행간마다 눈발의 패턴이 바뀌는
아름다운 속도를

나는 빨리 지나친다

대칭으로 살아가는 절반의 사람들이
서로 다른 세계를 꿈꾼다

드문드문 몇 가닥 실금의 배열로
아껴두었던 빛깔이 투과되는

군락지

예고 없이 반짝거릴 준비가 되었다면

건너편은
덧칠된 젊음

| 산문 |

은유 뒤에 숨은 한 생은 순간의 이미지였다

고영숙

#1. 여자

장면마다 세리머니

리모컨을 켜면 생은 드라마틱한 단막극, 영문 모를 세상이다. 이별을 잘해서 맡게 된 배역, 여자는 움직이는 피사체, 사람들은 장면마다 착한 여자로 돌려세우고, 몇 번을 죽이고 다시 살리는 빠른 전개가 반복된다.

'이미 다 외운 대사였는데, 이별을 너무 잘해 따낸 배역. 짙은 억양으로 서로 다른 말을 맞추는 장면 너머, 환한 빛, 허리가 끊어질 듯 장미꽃을 껴안고 웃음을 내뿜으며 가시를 사랑하는 배역, 비슷한 이야기인데 왜 이 장면은 언제나 아픈 것인지.'

'뺨을 맞고 엉엉 울어야 하는데 이 장면에서 왜 아무도 웃지를 않는지 세상을 향해 힘껏 던져졌지만 태어날 때부터 고배를 마신 건 아니지. 아무 의심 없이 연달아 커튼콜, 병문안을 가고 잘 지내느냐는 혼잣말을 건네고 암막 커튼을 치면 왜 처음부터 진부해지는지.'

'앞뒤가 맞지 않는 계절도 엔딩이라면 그랬을 것이다. 이제 막 용서하려던 참이었는데 이 장면에 여자를 세워 놨다는 게 죽는 셈 치고 엎드려 있는데 툭, 툭, 건드리다 다시 일으키고 몇 번을 살리고 죽인다는 게 결국 시리즈로 남아 이번 생에 끝장은 없다.'

배역에 갇힌 채 점점 스토리에 몰입한다. 껴안은 장미 가시가 수시로 여자를 찔러대도 싸구려 눈물 자극을 믿지 않는다. 슬픔은 슬픔으로 돌려막기를 하고, 상처는 더 큰 상처로 덮는 감정의 소모전. 물비린내가 묻어나는 날 것의 생이 한번은 마음껏 울라고, 티슈를 내민다.

오르골이 하는 말

신은 전생 하나를 여자의 손에 꼭 쥐여 주면서 네 것이라고 했다. 낙인처럼 따라다니는 전생이 싫어, 가장 단단할 때를 골라 전생을 엎었다. 현생이었고 하나도 눈부시지 않은 맨발이었다. 엎는 것은 뒤집는 것과 달라 돌이킬 수 없다. 이미 엎질러진 사랑, 주워 담을 수 없는 감정, 여자는 가파른 심장 끝까지 뛰어가 새의 눈물로 그늘을 그려 넣었다. 신기루였다. 펼쳤는데 사라지고 없는 부재의 시간,

희미해지는 서사에 모래를 덮어주었다. 어찌할 수 없는 짧은 시간 만나, 오랜 시간을 흩어지는 모래알의 무한한 시간이었고 채색이 빠져나간 몸은 텅 빈 내막이었다.

생시가 아프고 알았다. 움푹 패어 깊은 골짜기마다 연주되는 투명하고 맑은 소리, 연(緣)이란 긴 침이 이따금 흔들린다. 가라앉은 몸이 연주하는 잊히기 직전의 고백, 흐느낌이 잦아들고 다시 돌아가는 아픈 음계, 너를 짚었다. 목젖에 걸려 넘어가지 않던 사탕을 뱉고 보니 슬픈 전생 한 조각, 여자가 한 줄의 따뜻한 길몽을 만지작거린다.

슬픔의 배틀

잘못 없는 슬픔은 말수가 적다. 여자는 말을 아끼듯 슬픔을 아낀다. 여자가 슬픔의 등을 쓸며 말한다. "나는 당신이 내 지나간 시간을 알아채지 말았으면 좋겠어." 드러나면 동정을 받고 숨기면 약점이 되는 게 슬픔이다. 스스로 존재하는 신과 스스로 무너지는 인간, 산산조각 난 꿈과 허물어진 몸, 누가 누가 더 아플까. 남자가 손과 발을 내밀며 이둥바둥 형체를 잡으려고 몸부림치는 사이, 여자는 오히려 슬픔을 끌고 내면 깊은 심연으로 들어간다. 생 한가운데 사납게 날뛰던 운명도 피투성이가 되니 여자를 건드리지 않았다. 이미 내성이 생겨 신앙처럼 견고해진 여자는 생의 무게를 같이 견뎌준 슬픔을 더 이상 찌르지 않았다.

사회성 없는 신(神)

신들이 자리를 비운 세상이다. 슬픈 연대는 손쉽게 부서졌다. 신은 비릿한 꿈 하나를 던져 버리고, 여자는 덥석 주워 신파를 만들고 달에 가려진 붉은 신화는 쏟아지고 물러진 하늘은 소리를 지르고, 여자는 궁금했다. '왜 높은 곳에서 하면 신화이고, 우리가 하면 신파인지, 푸른 신화에 닿지 못한 나는 영원한 신파인지……'

안간힘은 잘못될수록 계속 일어서는데 예측 불허의 일기예보, 슬픔의 높이에서 여자가 아찔하게 흔들린다. 심장 가까이 관통하는 치명적인 난기류, 한 줄의 구름이 없어도 돌풍이 일고 소용돌이치는 회오리바람이다. 생의 기류를 통과할 때마다 파르르 떨리는 파동의 기록, 상승과 하강을 반복하다 한쪽으로 쏠리는 서늘한 날개, 투명한 비행운(飛行雲), 구름의 꼬리를 잡고 여전히 관습에 매달려 여자가 허공을 읽는다. 도망치기 좋은 기도는 늘 슬그머니 넘어간다. 여자의 생에 신의 가호는 시인도 부인도 아닌 눈부신 착오이다. 신도 가끔 마음 약한 인간을 만난다. "우리 매일 밤 좋은 이야기, 좋은 꿈을 나눠 먹어요." 사회성 없는 신을 향한 여자의 조용한 용서가 시작된다.

#2. 남자

감염

치명적인 한 방울이 묻어난다. 물컹한 피 한 방울의 소용돌이치는 기습이다. 눈물은 신과 인간 어느 쪽으로 튈지 모르는 물방울, 눈물 한 방울의 파동은 쉽게 금이 가 솟구치다 터뜨리는 감정의 파열음이다. 여과되지 않은 고통은 한 방울로도 물결을 일으켜 생의 허름한 틈새를 파고들어 보름마다 불어나는 슬픔의 범람이 된다. 이건 매끈한 악몽이라고 오래된 피의 기원을 찾는 남자가 풀어놓은 붉은 액체, 따뜻한 박테리아에서 왔다고 믿는 실낱같은 저항은 늘 출혈을 동반하지만 남자는 물러져 서러운 내성(耐性)을 건너간다.

전이

산 자도, 죽은 자도 아닌 한 사내가 있다. 한 번은 무너지겠지, 알던 신이 오히려 뒤통수를 쳤다. 딱 한 번의 불운이 하늘과 땅을 덮었다. 신은 전생에 슬픔을 슬쩍 끼워놓고 모른다 하였다. 여자가 전생에서 벗어나려고 발버둥치는 사이, 남자는 전생으로 되돌이키기 위해 몸부림친다. 날카로운 길흉화복은 때론 선연한 이빨 자국을 남긴다. 상처는 결이 되고 무늬가 되고 주저흔이 된다. 전이된 상처는 더 이상 치명적인 약점이 아니다. 남자는 흠집이 난 몸 자국을 그대로 안고 산다.

통증

흰 여백에 검은 문장이 여자가 써가는 통증이라면 창문에 찍힌 검붉은 각인은 비스듬히 돋아난 한 사내의 통증이다. 격렬한 고통은 그 아름다움에 매혹되어 자기도 모르게 감염되어 온몸이 바스러지는 걸 자각하지 못한다. 투명한 지층 저편의 창문을 두드린다. 새 떼들이 솟구치는 알 수 없는 유리창, 하루가 통증의 영역에 곤두섰다. 달을 만진 사람들의 한결같은 최후, 통증의 기습이다. 유순한 고통이란 없다. 간헐적으로 점점 선명해지는 고통이 몸을 빠져나가고 남은 건 통증이다.

유빙으로 떠도는 말

등을 보이지 않는 지느러미가 병실을 빠져나와 물속으로 들어간다. 살아 돌아다니는 통증이 물낯을 가리다 수면 아래로 들어가 달빛에 몸을 긋는다. 그림자 끝을 빠져나가 깃털보다 가벼운 흰 사람, 젖지 않는 장르는 죽음보다 가볍다. 파닥파닥 예지몽이 검은 물살을 빠져나간다. 등을 떠미는 맨발의 신음 소리, 발뒤꿈치마다 지느러미 부딪치는 소리가 아른거린다. 물살은 몸을 낮춰 닳아버린 지느러미를 씻긴다. 잠시 수액의 몸을 타고 흐르는 한 시절이 싱싱했던 푸른 몸을 통과한다.

#3. 여자와 남자

갈산은 서로가 품은 공산(空山)

전생은 달빛을 삼킨 후 우르르 무너졌다. 적막한 허공, 여자는 제 발로 갈산으로 걸어 들어갔다. 인기척 없는 길 흉화복이 등 뒤에 칼을 꽂을까 봐 먼저 전생을 엎고 도망친 곳이 갈산이다. 갈산은 공산(空山)이다. 혼자 놀기 심심해서 아픈 사내까지 끌어들이니 하늘은 멀고 그늘 또한 깊다. 찰나의 허방을 건너간다. 여기는 생시, 동서남북 마음을 놓친 곳마다 머리 검은 짐승을 풀어 놓아 깊은 밤마다 들짐승들이 울어댄다. 내몰린 자들의 고달픈 울음소리가 절벽 끝 바람구멍으로 여자를 끌고 간다. 소문만 무성한 공산이라고 사람이 없겠는가, 아프고 선한 군상들이 그늘을 찾아 들어오니 적막강산에도 눈물이 돈다. 잘려져 있는 그늘의 단면을 자세히 보면 서늘한 전생의 상처, 그래도 이승이라고, 돌아누우라, 돌아누우라, 서로의 손목을 끌어당기는 연민의 시선이다. 공산은 내던져진 곳이 아니고 남겨진 곳이다. 이미 익숙해진 불운에도 놓지 못하는 사람이고 끌어당기는 애증이다. 본디 정이 많은 것들은 슬픈 종족들, 피투성이 깃털들이 아픈 흉터를 가린 채 서로가 서로를 감싸 안고 있다.

신이 떨어뜨린 몇 방울의 허공

여자가 아끼는 슬픔은 이미 한 번 읽어본 슬픔이라 진부할지 모른다. 그러나 동시대를 살고 있는 화자의 아픔이다. 당신도 어둠 속인 걸 알기에 상처를 끌어당겨 슬픔의 축제에 여자가 당신을 초대한다. 공산은 지금 이들의 공연이 한창이다.

공산 구석 애처로운 피붙이들의 봉분이 보인다. 핏줄의 무게에 허덕이다 스스로 허물어지는 사람들, 간병으로 야위어 가는 가족의 이름은 끝내 명치끝 통증으로 남는다.

붉은 피로 돌고 도는 청춘들도 있다. 실핏줄 꽉 움켜쥔 채 취업을 준비하는 청춘의 고뇌가 유독 무겁게 다가온다. 다정하지만 표정을 읽을 수 없는 수심이다. 바다도 파도를 벗으면 그림자만 남아 꿈틀, 날아오를 숨비소리 어느새 몸에도 단단한 비늘이 돋아난다. 그는 24시간 잠들지 않는 물고기다. 넓은 등을 가지고 싶었지만 물속에 맨발을 담고 있어 방향을 조금만 틀어도 쉽게 미끄러지고, 얼었다 풀렸다를 반복하는 느슨한 비늘이다. 짓물러진 이력들이 청춘의 물살을 헤쳐 나간다. 살아서 아픈 간절함, 온 힘을 다해 쏟아내는 푸른 절망이다.

아픈 나무가 서 있다. 붙임쪽지 한 장이 파닥거린다. 지켜주지 못해 미안한 교실 한편, 아이들은 환한 선생님의 미소를 기억한다. 흩어지지 않는 약속은 최선을 다하는 애도의 방식이다.

어디에도 흔적이 발견되지 않았다. 주민번호가 없어 그

림자로 살아온 아이들의 발자국이 보인다. 한 명 한 명 얼굴을 들고 아이들이 이제 막 그림자를 벗어나기 시작한다.

사월은 섬에 걸린 기억이다. 당신 갔다고 눈먼 봄날 산자들은 봄볕을 물고 있던 따뜻했던 기억을 꺼내 섬에 걸어두고 엇갈린 검은 꽃과 검은 새의 동공을 부른다. 살기 위해 몸을 비틀었던 흔적, 사라지는 사람들이 섬에 걸어 놓은 수평선을 접는다. 접힌 자국마다 그늘진 절벽이 서고 수직의 몸들이 경사면으로 기울어 쏟아진다. 짧은 봄날이 여러 번 겹치면 깨진 꽃잎에도 종종 몸을 부딪치는 다친 사람들, 닫힌 사람들이 된다. 섬의 사월을 따라가는 아픈 곡선, 그 가르마를 따라 바람의 하얀 꽃이 춤을 추는 평생의 길, 영혼의 아픈 기억은 진실 속에서 추념이 되고 추모가 된다.

몇 번을 허물고 다시 짓는 언어의 모래성이다. 여자는 비정규직 감정 노동자, 비경제적 무급의 노역을 산다. 이번 생(生)의 약력을 채우느라 문장 빈 칸마다 힘이 들어간다.

치열하게 온몸으로 저항하는 을(乙)의 비애, 점점 무성해지는 측은지심이다. 그만큼의 희망이 흐르는 어둠 속, 이들이 환하게 서 있다. 칠흑 같은 어둠 속에선 실낱같은 빛도 찬연하다.

전생을 자르고 오리며 놀다 보니 거의 다 왔다. 나를 비껴가지 못한 그 시절의 나에게, 그래도 너 있어 나 빛났다고.

시인수첩 시인선 099
꿈을 나눠 먹어요

초판 1쇄 인쇄 2025년 8월 7일
초판 1쇄 발행 2025년 8월 15일

지은이 | 고영숙
발행인 | 이인철

펴낸곳 | (주)여우난골
주 소 | 서울특별시 강남구 언주로30길 27. 606호 (도곡동 우성리빙텔)
전 화 | 02-572-9898
팩 스 | 0504-981-9898
등 록 | 2020년 11월 19일 제2020-000328호

블로그 | blog.naver.com/seenote
이메일 | poetmemo@naver.com
홈페이지 | www.nobelk.com

ISBN 979-11-92651-39-2 03810

* 파본은 구매처에서 바꾸어 드립니다.

* 이 시집은 제주특별자치도와 제주문화예술재단의 2025년 제주문화예술재단 지원사업의 후원을 받아 발간되었습니다.